AF566421

Sabine Lohf

Sommer, Sonne, Sand und mehr!

Kunterbunt + Kinderleicht

GERSTENBERG

Die Bastelanleitungen in diesem Buch sind sorgfältig erwogen und mehrfach geprüft worden. Eine Garantie oder Haftung der Autorin oder des Verlages ist ausgeschlossen.

Weitere spannende Sachbücher findest du auf unserer Homepage: www.gerstenberg-verlag.de

Idee, Konzept, Text, Fotos & Gestaltung: Sabine Lohf, Bad Nenndorf
Notenredaktion und -satz: Dipl.-Mus.-Päd. Kristina Filthaut, Wunstorf
Litho: PPP, Köln
Druck: DZS Grafik, Ljubljana
Printed in Slovenia
ISBN 978-3-8369-6242-1

PRODUZIERT IN DER EUROPÄISCHEN UNION

Sommer, Sonne, Sand und mehr!

Die Sonne scheint vom blauen Himmel, ein paar weiße Wattewolken segeln vorüber, satte grüne Wiesen leuchten und es duftet nach Heu und Blumen. Endlich ist es Sommer! Insekten summen, brummen und zirpen. Die ganze Luft ist davon erfüllt. Dies ist die perfekte Jahreszeit, um sich so richtig auszutoben. Auch in deiner Bastelwerkstatt! Mit Schere, Kleber und vielen tollen Materialien direkt aus der Natur kannst du kinderleicht deine ganz eigenen Sommer-Kunstwerke basteln.

Manchmal ist es so heiß, dass man gut einen Fächer gebrauchen kann, um sich kühle Luft zuzufächeln. Du hättest gerne einen? Dann schau einmal auf Seite 9! Auch ein Sonnenhut kann bei heißen Temperaturen sehr nützlich sein und ist schnell gebastelt. Er spendet deinem Gesicht Schatten, wenn die Krempe breit genug ist. Du kannst ihn so bemalen, wie er dir gefällt! Ein Muster dafür findest du auf Seite 10.

Sonnenblumen gehören wie die Sonne zum Sommer. Sie leuchten in Gärten und auf den Feldern. Leider halten sie in der Vase nicht sehr lange. Aber das macht nichts – du kannst dir einfach deine eigene Riesensonnenblume basteln. Die hält ewig! Und auf dem Balkon aufgestellt, spendet sie sogar noch etwas Schatten. Auf Seite 14 ist gleich ein ganzer Strauß verschiedener Ideen zusammengestellt.

Bald fangen die Sommerferien an. Wohin möchtest du gern reisen? Die Abenteuerreise von Seite 20 kannst du überall machen, sogar bei dir zu Hause. Oder möchtest du lieber Ferien auf dem Reiterhof machen, auf Safari gehen oder zum Zelten? Bastle dir einfach dein Traum-Reiseziel!

Am Wasser ist es immer schön – und im Sommer ganz besonders. Wir gehen schwimmen und spielen mit Rindenschiffchen, Nixen oder selbst gebauten Booten. Auf Seite 30 findest du viele tolle Basteltipps, die du am und im Wasser ausprobieren kannst.

Bist du in deinen Ferien an einem Strand? Dort findest du Muscheln, Treibholz, Steine und andere Schätze. Viele schöne Ideen, was du damit gestalten kannst, findest du ab Seite 42. Der Fantasie sind keine Grenzen gesetzt! Am Ende des Tages warten dann eine große Regatta und ein Fest am Leuchtturm auf dich.

Vom Leuchtturm geht es in die Berge. Natürlich mit der Seilbahn. Auf Seite 54 erfährst du, wie du deine eigene Bergwelt basteln kannst. Auch Klettermax und Kletterkäfer wollen hoch hinaus. Wer ist am schnellsten oben? Schau gleich einmal auf Seite 56 nach.

Im schattigen Wald zu spielen macht besonders an heißen Sommertagen Spaß. Im Unterholz knacken Zweige, aus denen du ein Stöckchen-ABC legen kannst. Oder du suchst nach Holzstücken, die sich mit Knete und Papier in witzige Waldwesen verwandeln lassen. Einige von ihnen findest du auf Seite 58.

Im Sommer muss man lange wach bleiben, bis es dunkel wird. Zum Glück sind Ferien und du darfst bestimmt länger aufbleiben. Schmücke den Garten oder den Balkon mit deiner Familie und deinen Freunden für ein Lichterfest und feiere die warmen Sommerabende!

Viel Spaß mit all den Ideen in diesem kunterbunten Sommerbuch!

Inhalt

Überall ist Sonnenschein

Vom blauen Himmel scheint die Sonne. Watteweiße Wolken ziehen vorüber. Das Korn wird reif und von weitem leuchten gelbe Sonnenblumen.

An heißen Sommertagen kannst du vielleicht einen Sonnenhut oder einen Fächer gebrauchen. Und falls die Sonne einmal nicht scheint, bastele dir einfach selbst eine! Das alles und noch mehr findest du auf den nächsten Seiten.

Diese Sonne hat Strahlen aus Gerste. Bring dir ein paar Ähren mit, wenn du draußen unterwegs bist. Lange trockene Grashalme eignen sich als Sonnenstrahlen aber auch sehr gut.

Sonnenblumen kannst du ganz leicht säen. Oder du bastelst dir eine Riesen-Sonnenblume aus Papier. Schau einmal auf Seite 15 nach, wie es geht.

Ein Sonnenspiel findest du auf Seite 16.

Mit einem großen Fächer kannst du dich abkühlen, falls es die Sonne einmal zu gut meint. Wie du ihn machst, steht gleich auf der nächsten Seite.

Wenn die Sonne lacht

Hast du Lust, mit deinen Freunden ein Sommer-Sonnenfest zu feiern? Dann könnt ihr viele dieser Sonnen vom Himmel lachen lassen. Sie hängen in Bäumen und Sträuchern oder werden zu einer großen Girlande.

Große Sonne

Für diese Sonne faltest du drei bis vier DIN-A-4-große Bögen gelbes Tonpapier wie eine Ziehharmonika und klebst die Kanten aneinander. Für den Fächer auf der rechten Seite machst du es genauso.

Schneide danach einen Kreis von ca. zwölf Zentimetern Umfang aus und male ein Gesicht darauf.

Die „Strahlen" der Sonne wie rechts beim Riesenfächer mit einem gelben Faden in der Mitte zusammenbinden, an den geraden Kanten zu einem Kreis zusammenkleben. Klebestellen mit Klammern fixieren, bis der Klebstoff trocken ist.

Gesicht in die Mitte der Strahlen kleben und die Sonne an dem Faden aufhängen.

Kleiner Fächer

Je nachdem, wie groß dein Fächer werden soll, faltest du einen entsprechend langen und breiten Streifen Papier zu einer Ziehharmonika. Die untere Hälfte mit Klebeband oder Wolle umwickeln, oben den Fächer auseinanderziehen, und schon kannst du dir Luft zufächeln.

Riesenfächer

Diesen Fächer kannst du in allen Größen machen. Besonders toll sieht er aus Papieren mit bunten Mustern aus.

So wird's gemacht:

Für den großen Fächer vier ca. 30 x 50 Zentimeter große Bögen Papier zu Ziehharmonikas falten und an den Kanten zusammenkleben. Mit Klammern fixieren.

Die Ziehharmonika in der Mitte zusammendrücken und eine Schleife drumherumbinden. Die oberen Kanten zusammenkleben. An den offenen Kanten jeweils einen ca. 2,5 x 30 Zentimeter langen Streifen ...

... aus fester Pappe kleben. Die Pappstreifen vorher mit buntem Papier bekleben. Mit diesem Griff kannst du den Fächer öffnen oder schließen.

Du kannst deinen Fächer auch unten zusammenklammern und auf die Klammer einen Vogel kleben.

Ein Sonnenhut steht allen gut!

Wenn die Sonne einmal zu heiß auf deinen Kopf scheint, dann hilft ein Sonnenhut. Du kannst dir aus einem Bogen Papier einen Hut falten oder aus Pappe einen Hut mit breiter Krempe basteln.

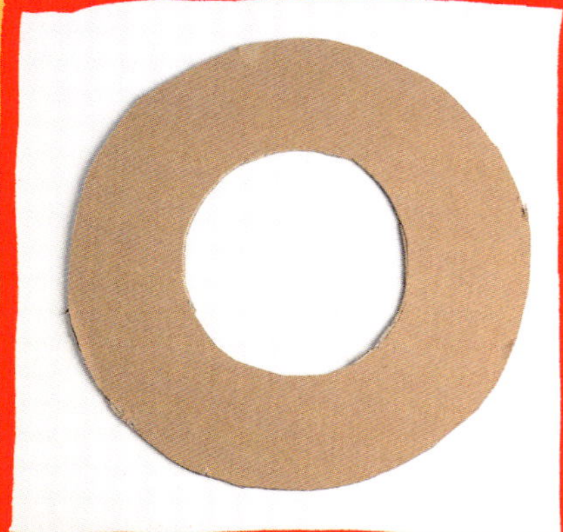

Auf ein großes Stück Pappe einen Kreis von ca. 50 Zentimeter Durchmesser zeichnen. In die Mitte einen weiteren Kreis zeichnen. Dieser muss so groß sein, dass er auf deinen Kopf passt. Probiere es vorab mit einer alten Zeitung aus!

Beide Kreise mit dem Cutter ausschneiden. Lass dir von einem Erwachsenen dabei helfen.

Zwei Streifen Wellpappe, ca. 30 Zentimeter lang und fünf Zentimeter breit, zuschneiden und so wie hier an die Hutkrempe kleben. Eventuell mit Stecknadeln fixieren, bis der Klebstoff trocken ist. Die Pappstreifen oben in der Mitte zusammenkleben und mit Klammern fixieren.

Einen dritten Streifen aus Wellpappe so wie hier auf dem Bild rings um die anderen Streifen kleben.

Nun den Hut mit Klebeband bekleben. Es eignet sich selbstklebendes Paketklebeband oder noch besser Nassklebeband. Damit lässt sich die Hutkappe besser formen.

Anschließend den Hut gut trocknen lassen und mit deinen Lieblingsfarben anmalen.

Achtung!

Wenn du schwimmen gehst, den Hut unbedingt am Strand lassen, denn er ist nicht wasserfest. Pass auf, dass er nicht wegfliegt!

Scheint die Sonne so heiß ...

... dann ist es gut, wenn du Sandalen hast, mit denen du über den heißen Sand laufen kannst. Die kannst du ganz leicht selbst basteln, zum Beispiel aus Zeitungspapier oder aus Filz. Fehlt noch eine Schirmmütze aus einem Pappteller, und schon bist du schön sommerlich bekleidet.

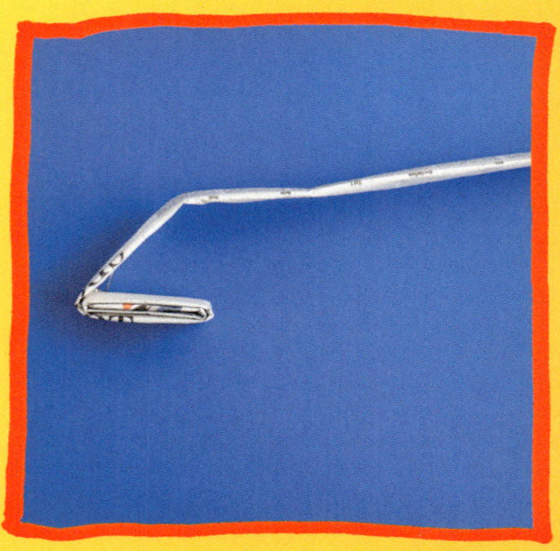

1. So fängst du an, das Zeitungspapier zu wickeln.

2. Wickele so lange Streifen für Streifen fest zu einem Oval, bis die Größe deines Fußes erreicht ist.

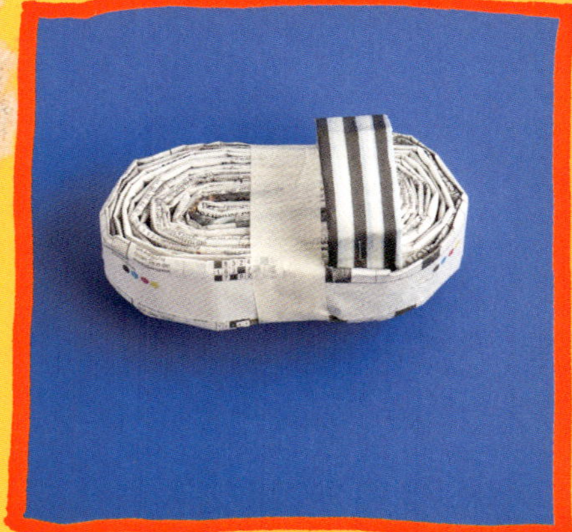

3. In der Mitte ein Stück Klebeband rings um das Oval wickeln, danach die Riemen (siehe Nummer vier) befestigen.

4. Für die Riemen brauchst du zwei kürzere Streifen. Die werden durch die äußeren Sohlenkanten geschoben und unter dem Schuh mit Klebeband befestigt. Stelle zuletzt deine Füße auf Zeitungspapier oder farbiges Papier, zeichne die Umrisse auf und schneide sie aus. In die Sandalen legen oder festkleben. Fertig!

Schirmmütze

Schneide einen Pappteller so zurecht, wie es hier zu sehen ist. Male den so entstandenen Mützenschirm an. Ist die Farbe getrocknet, stichst du mit dem spitzen Teil einer Schere vorsichtig rechts und links je ein Loch in den Schirm und ziehst dort einen Faden durch. Die Fäden hinten am Kopf zusammenbinden, wenn du den Schirm aufsetzt.

Filzsandalen

Zuerst stellst du deine Füße auf Papier und malst mit einem Filzstift die Umrisse auf. Diese Papiermuster legst du dann auf Filz und schneidest sie etwas größer aus.

Für jede Sandale brauchst du vier gleich große Filzsohlen. Ein Erwachsener kann dir helfen, sie mit einem Rollmesser oder Cutter auszuschneiden. Je drei dieser Sohlen übereinanderkleben. Mit einem spitzen Werkzeug Löcher an den drei markierten Stellen durch alle Sohlen stechen.

Einen stabilen Faden auf eine Stopfnadel fädeln, von unten auf der linken Seite durch die drei Filzsohlen stechen und Perlen auffädeln. Dann das Fadenende mit der Nadel von unten durch das rechte Loch führen und wieder Perlen auffädeln. Eine längliche Perle bildet den Abschluss. Beide Fadenenden zuerst durch diese Perle führen,

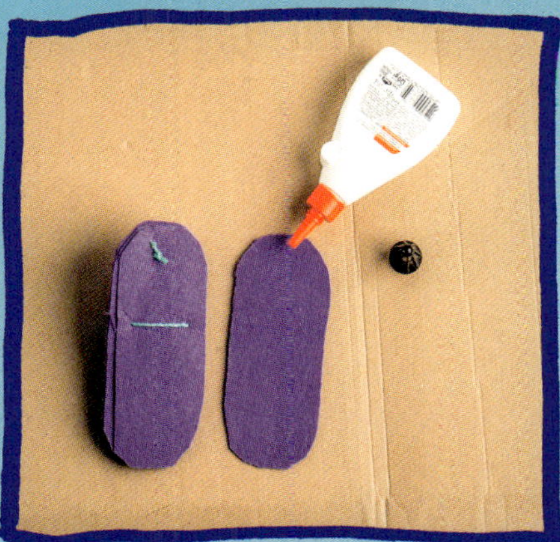

dann durch das vorgestochene Loch in der Mitte. Auf der Unterseite so wie hier die Fadenenden verknoten und abschneiden. Darauf die vierte Filzsohle kleben.

Wenn der Klebstoff getrocknet ist, kannst du deine tollen Sandalen anziehen und losspazieren!

So viele Sonnenblumen

Ein wahres Blütenmeer: große, kleine, echte und gebastelte. Die Blütenköpfe der echten Sonnenblumen neigen sich immer der Sonne entgegen. Das kannst du besonders gut an einem großen Sonnenblumenfeld beobachten. Leider halten Sonnenblumen in der Vase nicht sehr lange. Aber die selbst gebastelten verwelken nie!

Kannst du die vielen kleine Sonnenblumenkerne erkennen?

Blüte auf einen Pappteller zeichnen und entlang der gestrichelten Linien ausschneiden.

Zuerst die Fäden zwischen die Blütenblätter ziehen, dann auf und ab durch diese gespannten Fäden weben.

Gewebte Blume

Einen Pappteller so ausschneiden, wie im Kasten zu sehen ist. Gelb anmalen und durch die zwischen den Blüten gespannten Fäden mithilfe einer Stopfnadel bunte Fäden weben, bis ein schöner wolliger Kreis in der Mitte der Blüte entstanden ist.

Die Blüten auf einen Holzstab kleben und in einen bemalten Pappbecher stecken, den du zur Hälfte mit Sand gefüllt hast.

Pappbecher-Blume

Von einem Pappbecher das obere Drittel abschneiden. Dann vom Rand aus Streifen bis kurz vor den Becherboden schneiden. Die Streifen nach außen knicken. So entsteht die Blüte. Die Blüte anmalen.

So den Becher einschneiden und die Streifen wie Strahlen nach außen knicken.

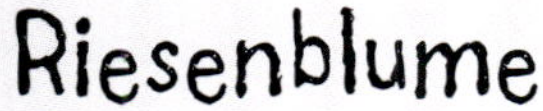

Diese große Sonnenblume besteht aus einer ca. 2,50 Meter langen Papprōhre und einem Pappteller als Blüte. Zuerst die Röhre grün anmalen, dann den Teller bemalen. Während die Farben trocknen, Blütenblätter aus gelbem Tonpapier ausschneiden und rings um den Tellerrand kleben. Die Blüte mit Blumendraht an dem Stiel befestigen. Dazu den Draht an zwei Stellen durch die Mitte des Tellers piken, dann durch zwei vorgebohrte Löcher durch den Stiel stecken und die Enden fest verknoten.

Die Blume kannst du für ein Foto in einem Sonnenblumenfeld (falls vorhanden!) aufstellen. Aber auch im Garten oder in deinem Zimmer sorgt die Blume für sonnige Stimmung.

Die Blüte der Riesenblume

Derjenige bekommt eine Kette oder einen Orden. Aus Tonkarton schneidest du dafür einen gelben Kreis aus und beklebst ihn ringsherum mit Blütenblättern aus gerissenem Papier. Gesicht aufmalen oder aufkleben. Vielleicht klebst du noch einen roten Mantel aus einem Stück Karton hinter den Kopf.

Eine Krone aus Goldpapier nicht vergessen! Möchtest du dir den Sonnenblumenkönig um den Hals hängen, dann ziehst du mithilfe einer Nadel einen Faden oben durch seinen Kopf.

Du kannst auch eine echte Blüte mit einem Gesicht aus Knete schmücken.

Hoch am Himmel, tief auf Erden

Melodie und Text: Volksweise

Du kannst das Lied auch spielen:

Hoch am Himmel
Die Kinder stehen im Kreis und stellen sich mit erhobenen Armen auf die Zehenspitzen.

Tief auf Erden
Bücken!

Rundherum ist Sonnenschein
Mit ausgebreiteten Armen einmal um die Achse drehen.

Wenn ich mal ein Tier gern wäre
Mit den Fingern auf sich selbst zeigen.

Möchte ich ein ... sein
(Vogel, Tiger, Löwe ...)

Abwechselnd sucht sich jedes Kind ein Tier aus, das es vormacht und das dann alle gemeinsam nachmachen (bellen, miauen, brüllen ...)

Sonnenspiel

Bei diesem Spiel geht es darum, möglichst schnell alle Strahlen, also bereitgelegte Klammern, an das gelbe Sonnengesicht zu klammern. Dafür brauchst du zuerst einmal eine Sonne, die du aus Tonkarton ausschneiden kannst, und zehn Wäscheklammern.

Nun wird gewürfelt. Entsprechend der Augenzahl die Klammern an die Sonne klammern. Zum Schluss muss die genaue Punktzahl gewürfelt werden. Wie oft muss jeder Spieler würfeln, um die Sonne zum Strahlen zu bringen?

Treffen der Klammertiere

Aus Wäscheklammern, Pappe und Papier kannst du alle deine Lieblingstiere basteln. Am besten eignen sich Klammern aus Holz, denn sie lassen sich gut anmalen. Welches Tier möchtest du zuerst basteln: ein Streifen-Nashorn oder einen lustigen Vogel?

Am besten machst du gemeinsam mit Freunden einen ganzen Klammerzoo!

Für ein Krokodil eine Klammer grün anmalen, Augen aufkleben, Beine ankleben, Zunge festklammern. Fertig!

Das Nashorn hat ein Horn aus einer großen und eins aus einer kleineren Klammer. Ist es nicht niedlich?

Wir gehen auf Reisen

Sommerzeit ist Ferienzeit. Wir gehen auf Entdeckungsreise, in die Berge, ans Meer, in fremde Länder oder einfach aufs Land, auf einen Reiterhof, Bauernhof, in den Wald.

Oder wir reisen in unserer Fantasie in den Dschungel, zum Fest der Blütenprinzessin – wohin du willst!

Kommst du mit auf die Reise?

Der Hund ist auch dabei. Er hat sogar ein eigenes Auto. Das bastelst du ihm aus einer bemalten Klorolle mit vier Knöpfen als Räder.

Eine große Familie braucht natürlich einen Bus, in den alle hineinpassen. Dieser Bus besteht aus einer leeren Milchtüte. Gut ausspülen, anmalen, Fenster und Räder ankleben, und die Reise beginnt.

Die sieben Zwerge kommen auch mit zum Fest der Blütenprinzessin. Schau einmal auf Seite 22 nach.

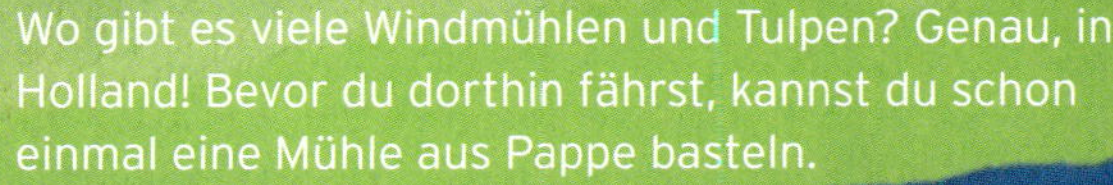

Wo gibt es viele Windmühlen und Tulpen? Genau, in Holland! Bevor du dorthin fährst, kannst du schon einmal eine Mühle aus Pappe basteln.

Die Flügel bestehen aus zwei übereinandergeklebten Pappstreifen und werden mit einer Musterklammer an der Mühle befestigt.

Die Lok fährt schnell mit ihren Rädern aus Deckeln.

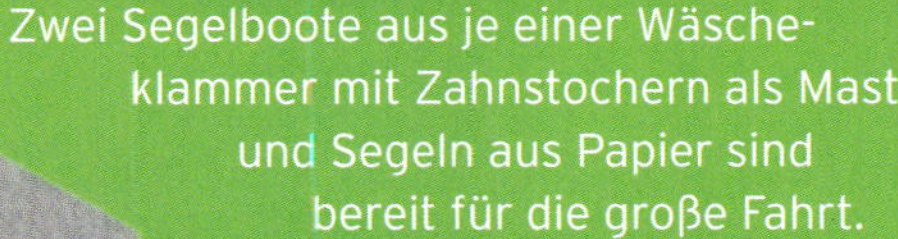

Zwei Segelboote aus je einer Wäscheklammer mit Zahnstochern als Mast und Segeln aus Papier sind bereit für die große Fahrt.

Abenteuerreise

Wir fahren auf einem Rindenfloß den Fluss hinunter und treffen Krokodile, Steinfische und ein verlassenes Rindenboot ...

Ahoi!

Der kleine Wikinger besteht aus einem Sektkorken. Die untere Hälfte des Korkens anmalen, zwei Schrauben als Beine hineindrehen und zwei Streichhölzer als Arme in den Korken stecken. Danach einen Helm aus Goldpapier mit zwei Hörnern auf den Kopf kleben. Den Wikinger auf ein Stück Rinde stellen und schwimmen lassen.

Keine Angst!

Dieses Krokodil ist aus Pappe. Die Umrisse seines Körpers auf ein großes Stück Pappe, hier ca. 50 x 70 Zentimeter, aufmalen. Zwei weitere Beine dazu malen. Alle Teile mit dem Cutter ausschneiden.

Das Tier mit grüner Farbe bemalen, das Maul mit Buntpapier gestalten, ein Auge aufkleben. Nun die Schuppen zuschneiden: Mit dem Cutter zwei Seiten eines Dreiecks einschneiden und an der dritten Seite hochklappen. Auf diese Weise so viele Schuppen wie möglich auf der Fläche unterbringen. Die gesamte Rückseite des Krokodils mit farbigem Transparentpapier bekleben. Die Farbe des Papiers scheint dann durch die aufgestellten Schuppen. Auf der Rückseite das zweite Beinpaar ankleben. Wenn der Klebstoff trocken ist, die Beine so auseinanderspreizen, dass das Tier gut steht.

Steinfische

Steine bemalen und verschiedene Fischformen damit legen.

Rindenboot

In ein gebogenes Rindenstück ein Stück von einem Korken kleben. In den Korken ein Holzstäbchen stecken und darauf ein Segel aus Papier piken.

Was schwimmt denn da?

Ein Holzstück mit grüner Farbe bemalen. Maul und Augen braucht dein Krokodil natürlich auch. Passende Stöckchen als Beine darunterkleben und schwimmen lassen. Das sieht dann ziemlich echt aus!

Auf zum Blütenfest

Im Sommer gibt es so viele Blumen und unzählige Blüten. Vielleicht kennst du jemanden, der in dieser Zeit Geburtstag hat? Der freut sich dann über einen schönen Blütenkranz oder eine Blütenprinzessin. Also auf zum Blütensammeln!

Prinzessin

Einer Wattekugel ein Gesicht aufmalen, den Kopf auf einen Zahnstocher und dessen anderes Ende durch eine Rosenblüte stecken. Streichholzarme und -beine in die Blüte stecken. Die Blüte einer Kapuzinerkresse wird der Hut.

Geburtstagskranz

Es gibt vorgefertigte Kränze speziell zum Blumenstecken zu kaufen. Du kannst aber auch einen Kranz aus festem Filz ausschneiden und diesen zuerst mit Kletten bekleben. Anschließend verzierst du ihn mit Blüten deiner Wahl. Vielleicht steckst du noch kleine Kerzen hinein?

Wiesenblumenkranz

Aus langstängeligen Wiesenblumen und Kräutern wie zum Beispiel Kamille, Schafgarbe oder Kornblume kannst du mithilfe von Blumendraht schnell einen duftenden Kranz binden. Lege den Blumendraht vorher einmal um deinen Kopf, um die richtige Größe des Kranzes abzumessen.

Roter Mohn

Zum Sommeranfang leuchtet der rote Mohn an den Feldrändern. Die Blüten sehen wie Seidenkleider aus. Einmal gepflückt, verwelken sie leider schnell. Aber die getrockneten Stängel kannst du prima zum Basteln verwenden!

Mohnkönig

Eine dickere Mohnkapsel wird zum König. Einfach ein Gesicht aufmalen, die Krone mit Goldfarbe anpinseln und einen Umhang aus Krepppapier ankleben. Du kannst den König mit vielen „Untertanen" auf ein Stück Tonpapier kleben. Das ist ein schönes Geschenk.

Mohnkönigin

Du wickelst ein Kleid aus Krepppapier um den Blütenstiel. Beine aus kleineren Mohnstängeln in das Kleid kleben.

Schmetterling

Diesen hübschen Schmetterling kannst du aus zwei gepressten Blüten und einem Stück Stängel samt Blütenkopf aufkleben.

So leuchten die Mohnblumen am Feldrand.

Prinzessin Gartenmohn

Hier sind die herabgefallenen Blüten mit goldenem Draht oder einem Faden an den Stängel gebunden. Das Gesicht einfach auf die Kapsel malen. Fertig!

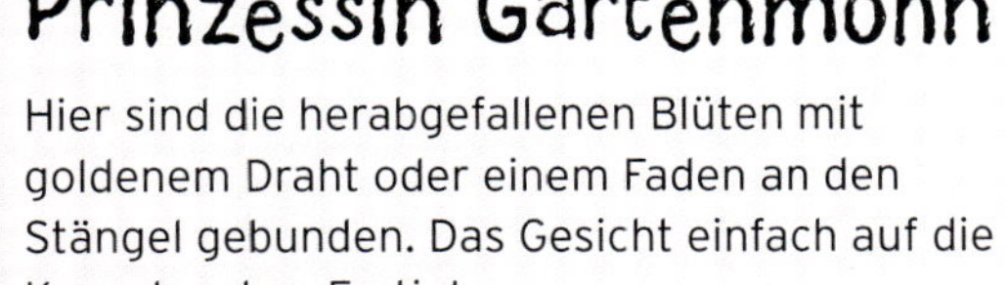

Ferien auf dem Reiterhof

Hast du schon einmal von Ferien auf einem Reiterhof geträumt? Vielleicht hast du Lust, dir Pferde und Reiter zu basteln, bevor die Reise losgeht.

Ein kleines Steckenpferd aus einem Handfeger ist schnell gebastelt. Einen Pferdekopf aus Pappe ausschneiden und so wie hier bemalen und an den Besen kleben.

Hoppe Reiter!

Ein ca. 2 Zentimeter großes Stück von einer Klopapierrolle abschneiden.

Arme und Beine aus Pappe ausschneiden. Eine Wattekugel in passender Größe mit einem Gesicht bemalen und in die Rolle kleben. An den Kopf Wollfäden als Haare kleben. Arme, Beine und Körper anmalen und die Farbe trocknen lassen. Arme an cie Rolle kleben und die Beine mit Musterklammern am unteren Rand der Rolle befestigen. Sie sollen sich noch frei bewegen lassen.

Eine Reitkappe aus einem Stück Filz oval zuschneiden. Dafür eine Stelle ein Stück einschneiden und die Kanten übereinanderschieben, bis eine Kappe entsteht. Kanten festkleben. Die Kappe auf den Kopf und den Kinnriemen aus einem Streifen Filz direkt unter das Gesicht kleben.

Ein eigenes Pferd

Aus Papprollen und Pappe kannst du dein eigenes Pferd basteln. Ob es ein Rappe, ein Schimmel, ein Fuchs oder ein Brauner werden soll, entscheidest du später beim Anmalen.

Diese Teile brauchst du für dein Pferd. Sie werden zuerst zurechtgeschnitten. In den Bauch oben einen Halbkreis schneiden, in den du den Hals kleben kannst. Den musst du schräg abschneiden und den Kopf hineinkleben. Unten in den Kopf eine passende Wattekugel als Maul kleben.

Nun kannst du das Pferd in deiner Lieblingsfarbe anmalen. Wenn die Farbe getrocknet ist, bekommt dein Pferd eine Mähne und einen Schweif aus Wolle.

Wenn du magst, kannst du aus Filz auch noch einen Sattel zuschneiden und aus einem Stück Wolle ein Halfter knoten.

Cowboy

Der Cowboy besteht auch aus einer Klorolle. Das obere Drittel der Rolle mit einem Gesicht bemalen. Den Rest mit zwei Filzstreifen bekleben. Die Beine bestehen aus einem breiten Pappstreifen.

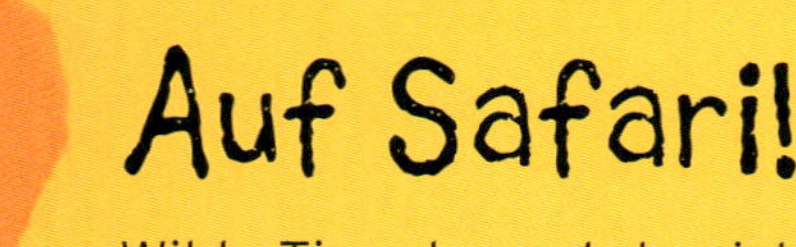

Auf Safari!

Wilde Tiere kannst du nicht nur in Afrika entdecken. Du kannst dir auch selbst welche basteln und im Sand aufstellen.

Nashorn

Wellpappe in Streifen zuschneiden: für den Kopf ca. 8 x 50 Zentimeter, für den Bauch 10 x 60 Zentimeter lang. Die Streifen aufrollen, auf die Enden Klebstoff geben und mit Stecknadeln fixieren.

Aus schmaleren, ca. 3 x 30 Zentimeter langen Streifen Beine aufrollen. Nun alle Teile zusammenkleben, dabei wieder Stecknadeln zu Hilfe nehmen. Die Spitze einer Eierpappe als Horn ankleben. Ohren, Augen und Mund aus Pack- und Buntpapier ankleben.

Elefant Rollo

Zwei sehr lange und etwa 6 Zentimeter breite Streifen Wellpappe zu zwei dicken Rollen aufrollen. Ist dir die Rolle noch nicht dick genug, klebst du einen weiteren Streifen an. Das machst du so lange, bis die Rolle richtig schön Elefanten-dick ist.

Die beiden Rollen zusammenkleben, dabei einen Rüssel herunterhängen lassen. Unten zwei leere Klorollen als Beine ankleben. Augen, Ohren, Stoßzähne und Maul aus Papier aufkleben.

Hungriger Löwe

Eine leere Dose mit gelbem Buntpapier bekleben. Für das Löwengesicht aus Tonkarton einen Kreis ausschneiden, der größer als die Dosenöffnung ist. Die Umrisse der Dosenöffnung mitten in das Löwengesicht zeichnen und diesen Kreis als Maul ausschneiden. Das Gesicht auf die Dosenöffnung kleben.

Rings um das Gesicht eine Mähne aus Wolle und oben Ohren aus Papier ankleben. Spitze Zähne aus weißem Papier in das Maul kleben. Füße aus Tonkarton ausschneiden und unter die Dose kleben. Den Löwen mit Murmeln füttern. Oder schöne Dinge darin sammeln!

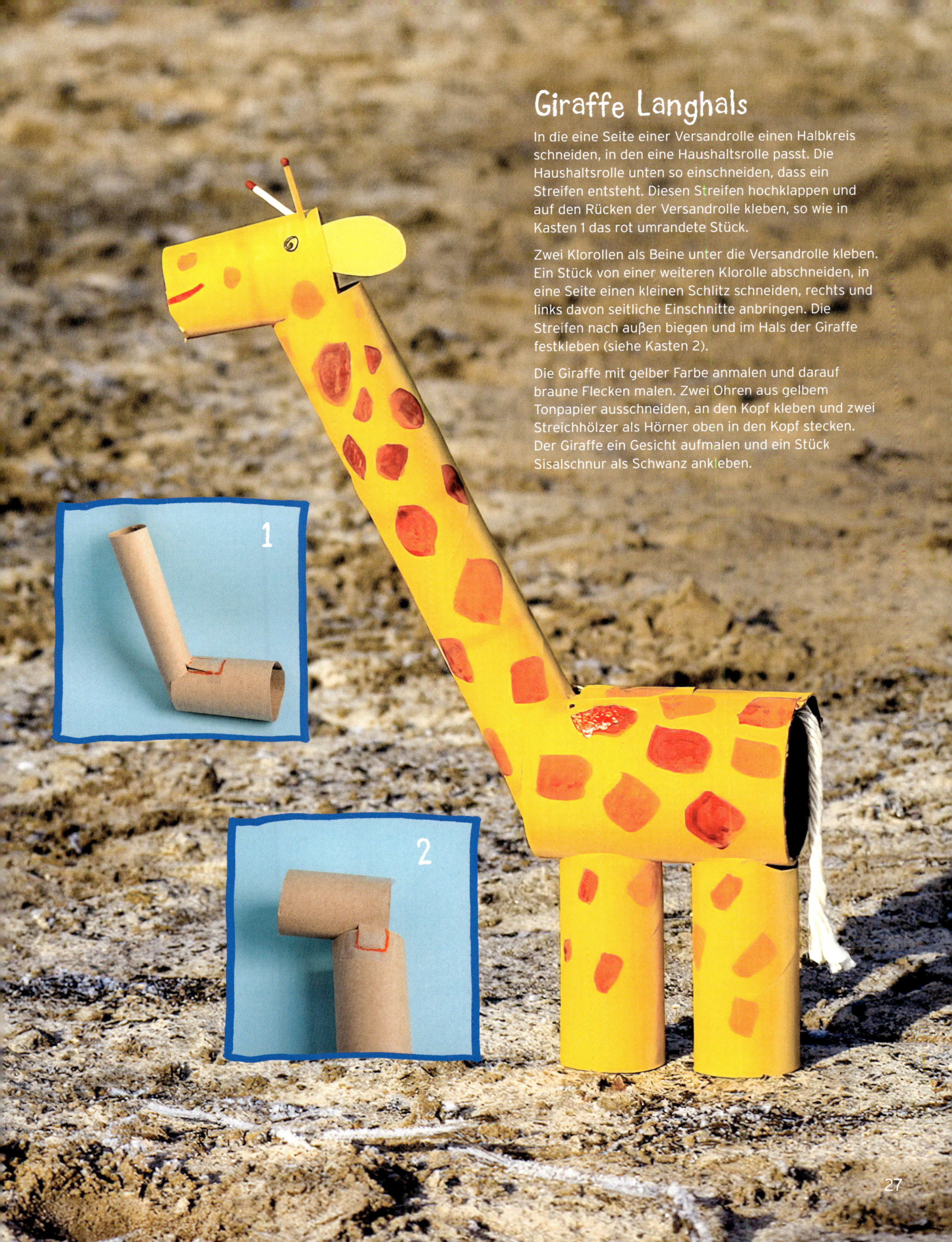

Giraffe Langhals

In die eine Seite einer Versandrolle einen Halbkreis schneiden, in den eine Haushaltsrolle passt. Die Haushaltsrolle unten so einschneiden, dass ein Streifen entsteht. Diesen Streifen hochklappen und auf den Rücken der Versandrolle kleben, so wie in Kasten 1 das rot umrandete Stück.

Zwei Klorollen als Beine unter die Versandrolle kleben. Ein Stück von einer weiteren Klorolle abschneiden, in eine Seite einen kleinen Schlitz schneiden, rechts und links davon seitliche Einschnitte anbringen. Die Streifen nach außen biegen und im Hals der Giraffe festkleben (siehe Kasten 2).

Die Giraffe mit gelber Farbe anmalen und darauf braune Flecken malen. Zwei Ohren aus gelbem Tonpapier ausschneiden, an den Kopf kleben und zwei Streichhölzer als Hörner oben in den Kopf stecken. Der Giraffe ein Gesicht aufmalen und ein Stück Sisalschnur als Schwanz ankleben.

1

2

Wollen wir zelten?

Im Sommer macht Zelten Spaß, ob im Garten oder anderswo. Und bevor es losgeht, kannst du dir schon einmal ein Zelt aus Papier basteln oder gleich einen ganzen Zeltplatz.

Bäume aus Papier oder Pappe, ein kleines Lagerfeuer und Menschen dürfen auf einem Zeltplatz nicht fehlen.

Aus einem Streifen Tonpapier ist ein Zelt schnell gefaltet und geklebt. Dafür den Streifen, Größe ca. 20 x 12 Zentimeter, zuerst in der Mitte knicken, dann die Kanten ca. 1–2 Zentimeter nach innen knicken und in der Mitte an beiden Seiten am Knick je 1 Zentimeter einschneiden.

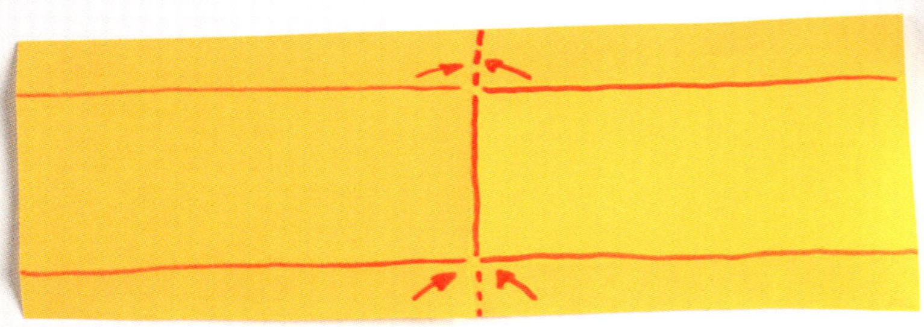

Die Schnittstellen übereinanderschieben und festkleben. Ein Dreieck aus Tonpapier für die Rückseite ausschneiden und aufkleben. Fertig ist das Zelt!

Holzstäbchen auf die Vorder- und Rückseite des Zeltes kleben, dann ist es stabiler.

Auf diese Weise kannst du verschieden große Zelte in verschiedenen Farben gestalten.

Baumstämme aus Pappe ausschneiden und die Baumkronen extra ausschneiden und anmalen. Wenn die Farbe getrocknet ist, alle Teile zusammenkleben.

Kleine Figuren machst du aus Flaschenkorken. Dem oberen Drittel des Korkens ein Gesicht aufmalen, den unteren Teil mit Buntpapier, Filz- oder Stoffresten bekleben. Haare aus Wolle oder Krepppapierstreifen ankleben.

Zeltplatz

In einem großen Kartondeckel kannst du deinen Zeltplatz gestalten. Den Untergrund mit einer Wiese und einem See oder Fluss bemalen, je nachdem, wo du am liebsten Zelten möchtest. Die Zelte aufstellen und die Bäume aufkleben.

Den Zeltplatz mit Steinen, kleinen Enten auf dem See oder mit Gräsern aus Buntpapier weiter ausschmücken. Im Hintergrund einen Wald oder Berge auf Karton oder bemalter Pappe ankleben.

Am Wasser

Schwimmen, Boote fahren lassen, Fische beobachten, Piraten auflauern und vieles mehr: Am Wasser kannst du viele tolle Dinge tun. Möchtest du lieber ein Boot oder eine Nixe schwimmen lassen? Auf den nächsten Seiten findest du bestimmt etwas zum Basteln, womit es sich prima am Wasser spielen lässt.

Diesen Kochlöffelpiraten malst du ein Gesicht auf, mit oder ohne Augenklappe. Hüte aus Buntpapier falten und Arme aus Wäscheklammern anklammern. Fertig! Du kannst deine Piraten aber auch noch weiter ausschmücken, wenn du magst.

Fische fangen

Wenn du am Teich oder am Meer kein Anglerglück hast, dann angelst du deine Fische eben aus einem Karton, den du wasserblau anmalst und mit Fischen aus bemalter Pappe füllst.

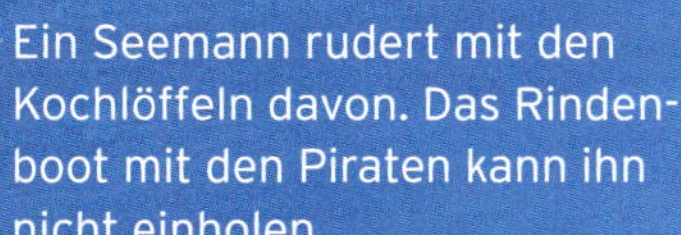

Ein Seemann rudert mit den Kochlöffeln davon. Das Rindenboot mit den Piraten kann ihn nicht einholen.

Im Schwimmbad

Was schwimmt denn da? Ein Kind mit Schwimmring, eine Ente, ein Wassermann? Magst du dir vielleicht auch ein Fantasieschwimmbad basteln, so wie auf Seite 33?

Auf große Fahrt

Boote aus Holz, Kork und einer Melonenhälfte fahren gleich um die Wette. Welches schwimmt am schnellsten?

Nixe

Diese Nixe besteht aus Schwammtüchern und kann ruhig ganz nass werden.

Die können gut schwimmen

Schwämme und Schwammtücher gibt es günstig im Drogeriemarkt zu kaufen. Sie sind nicht wasserscheu und können sehr gut schwimmen, ebenso wie Korken.

Kleines Korkboot

Drei Korken zwischen zwei Gummibänder klemmen, ein Segel aus Papier an einen Zahnstocher kleben, in den mittleren Korken stecken und das Boot zu Wasser lassen. Noch besser schwimmt es, wenn du in den mittleren Korken von unten eine Schraube drehst.

Schwammi, das Krokodil

Schneide aus vier Schwämmen ein Krokodil aus und klebe alle Teile zusammen. Aus farbigen Schwammtüchern Beine und Maul ausschneiden und aufkleben. In der Badewanne oder einem Eimer mit Wasser kannst du testen, wie gut Schwammi schwimmt.

Korkkrokodil

Flache Korkplatten, zum Beispiel DIN-A4-groß, gibt es im Baumarkt zu kaufen. Aus solch einer Platte schneidest du den Körper aus und klebst eine Reihe Flaschenkorken hintereinander darauf fest. Alles mit wasserfester Farbe grün anmalen, rotes Maul aufmalen, zwei Perlenaugen aufkleben. Wenn Farbe und Klebstoff trocken sind, kann das Krokodil losschwimmen.

Schöner schwimmen!

Ein eigenes Schwimmbad – wäre das nicht ein Traum? In einem Kartondeckel kannst du es dir selbst basteln. Wer darf mit ins Wasser? Vielleicht Wale, Krokodile, Enten, Kraken ...?

Pappfisch

Pirat

Lustiger Wurm aus Knete

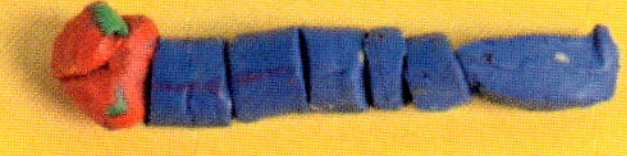

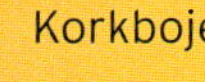

Korkboje

Fußball

Faltboot

Den Kartondeckel mit blauer Farbe bemalen, Wellen aus Tonkarton ausschneiden und in den Deckel kleben. Der Wassermann besteht aus Korken, hat Haare aus grünem Lametta und Arme aus Tonpapier. Die mutige Schwimmerin hat einen Kopf aus einer Wattekugel und Arme aus Moosgummi. Dir fallen bestimmt noch viele weitere Figuren ein, die du aus Papier, Pappe oder Korken für dein Traum-Schwimmbad basteln kannst.

Nixe und Wassermann

Diese geheimnisvollen Wesen leben in Teichen oder im Meer. Du kannst sie aus Holz basteln, denn Holz schwimmt sehr gut. Mit wasserfesten Farben und Haaren aus Lametta halten sie ewig.

Nixe

Eine Holzwäscheklammer mit Kopf wird im Nu zu einer Nixe. Du malst die Klammer an und lässt die Farben trocknen. Seitlich zwei Arme aus Streichhölzern ankleben. Die Haare können aus Lametta oder wie hier aus ein paar goldenen Fäden Geschenkband sein. Die Schwanzflosse besteht hier aus einem dreieckigen Stück Moosgummi (ein Stück dickere Folie geht auch) und wird in die Klammer geklebt.

Moosmonster

Am Ufer des Sees lauert das Moosmonster auf die kleine Nixe. Aus Moos, Blättern und Blüten kannst du dir auf einem festen Untergrund wie zum Beispiel fester Pappe ein Fantasiemonster gestalten.

Aus bemalten Muscheln, Steinen und Zweigen kann eine kleine Nixe werden.

Einfach mal ausprobieren!

Wassermann

Der Wassermann besteht aus einem ca. 8 x 25 Zentimeter großen und 1,5 Zentimeter dicken Brett. Das malst du so an, wie es dir gefällt. Haare aus grünem Lametta ankleben. Arme aus Moosgummi ausschneiden und aufkleben. Unter die Arme kommt ein Dreizack. Dieser besteht aus einem Stück Karton, auf den selbstklebende Folie geklebt wird. Dazu zuerst einen Streifen Folie glatt auf einen Kartonstreifen kleben. Die Rückseite nicht vergessen! Danach den Dreizack ausschneiden.

Ein Stück Folie als Fischschwanz ankleben. Nun den Wassermann ins Wasser legen und schwimmen lassen.

Schiff ahoi!

Faltschiff, Katamaran, Flaschenschiff, Ausflugsdampfer, Melonenboot – was möchtest du basteln?

Faltschiff

Was falten wir? Lauter Schiffe aus Papier! Du weißt bestimmt, wie das geht, oder? Wenn du die Papierschiffe von außen mit Wachsmalkreiden bemalst, dann schwimmen sie sogar für längere Zeit, ohne unterzugehen.

Katamaran

Zwei leere Plastikfaschen parallel nebeneinanderkleben. Ein ca. 20 x 30 Zentimeter großes Sperrholzbrett anmalen und auf die Flaschen kleben. Einen Korken auf das Brett kleben und dort das Segel hineinstecken. Für das Segel ein Dreieck aus einer Plastiktüte zuschneiden und auf ein Holzstäbchen kleben.

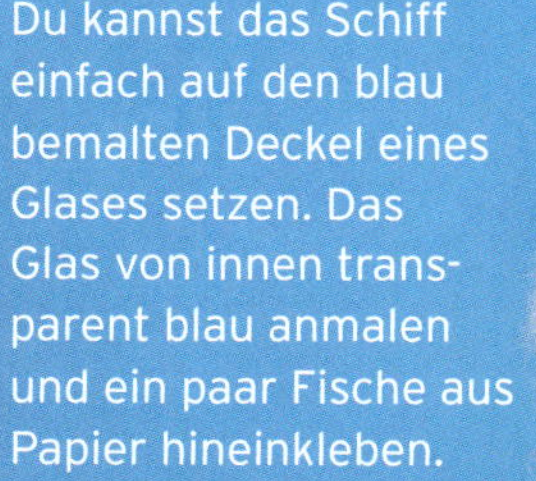

Du kannst das Schiff einfach auf den blau bemalten Deckel eines Glases setzen. Das Glas von innen transparent blau anmalen und ein paar Fische aus Papier hineinkleben.

Flaschenschiff

Oder du bastelst aus Tonkarton einen Dampfer. Er darf so groß sein, dass er in ein gereinigtes Glas mit Schraubverschluss passt. In das Glas klebst du ein Stück blaues Papier hinein. Darauf kommt dann der Dampfer oder einfach ein gefaltetes Papierschiff. Deckel zuschrauben und fertig!

Ausflugsdampfer

Der Schiffsrumpf besteht aus einem spitz zugesägten Brett. Darauf kommen zwei kleinere Bretter in derselben Form sowie ein Holzwürfel. Alle Teile mit Leim zusammenkleben.

Für die Reling Nägel in das untere Holzstück schlagen und mit einem Faden umwickeln. Die beiden Enden des Fadens zusammenknoten. Auch entlang des Oberdecks ein paar Nägel schlagen und ebenfalls mit Schnur umwickeln. In das Dach kommt ein langer Nagel, an dem bunte Fahnen angebracht werden können. Nun malst du deinen Dampfer noch an.

Diese beiden Passagiere fahren mit dem Dampfer mit. Dazu Korken anmalen, Haare ankleben, fertig!

Melonenboot

Im Sommer schmecken Wassermelonen richtig gut. Die Schale nicht wegwerfen! Mit einem Segel aus einem Strohhalm und Papier wird super schnell ein Boot daraus. Einfach das Segel in die Schale stecken!

Dieser Pirat will das Melonenboot kapern! Für den Piraten einen Korken anmalen, einen Hut aus Tonpapier ausschneiden und ankleben.

Die Fahne nicht vergessen!

Lauter Fische

Möchtest du lieber Glitzerfische oder einen dicken, runden Kugelfisch?

All diese Fische sind schnell gebastelt. Und wenn du magst, kannst du sie auch in einem Angelspiel einsetzen.

Zuerst zeichnest du eine Fischform auf ein Stück Karton und schneidest sie aus.

Diese Form auf die Alufolie legen, die Umrisse mit einem Stift nachzeichnen und ausschneiden.

Silberfische

Aus dickerer Alufolie kannst du dir einen ganzen Schwarm Fische basteln. Die kannst du dann sogar schwimmen lassen. Sehen sie nicht richtig echt aus?

Die Fische mit wasserfesten Filzstiften bemalen, damit sie schwimmen können, ohne ihre Farbe zu verlieren.

Wenn du magst, kannst du die Fische auch auf einen blauen Untergrund kleben.

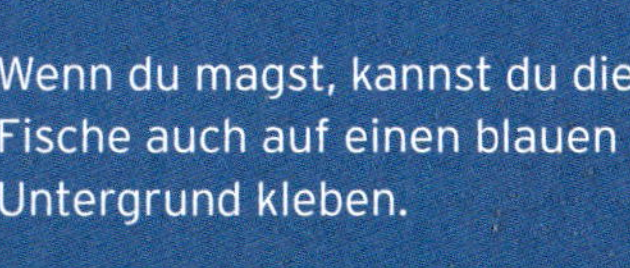

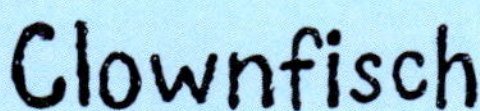

Clownfisch

Möchtest du einen Clownfisch basteln, so einen wie Nemo? Clownfische haben orangefarbene und schwarze Streifen. Aus Papptellern sind die lustigen, kugeligen Fische schnell gebastelt.

Zwei Teller aufeinander legen, den oberen falsch herum. Flossen und Schwanz aus einem weiteren Teller ausschneiden.

Die Teller an den Rändern zusammenkleben und dazwischen die Schwanzflosse. Mit Klammern fixieren.

Knopfaugen aufkleben, Mund aufmalen und die Flossen ankleben. Fertig!

Fische zum Angeln

Du kannst deine Fische auch einfach auf festes Papier oder Pappe aufmalen. In das Maul heftest du jeweils eine Büroklammer. Die Angel besteht aus einem kleinen Stock, an dessen eines Ende ein Faden geknotet wird.

Eine Nixe kannst du natürlich auch noch basteln.

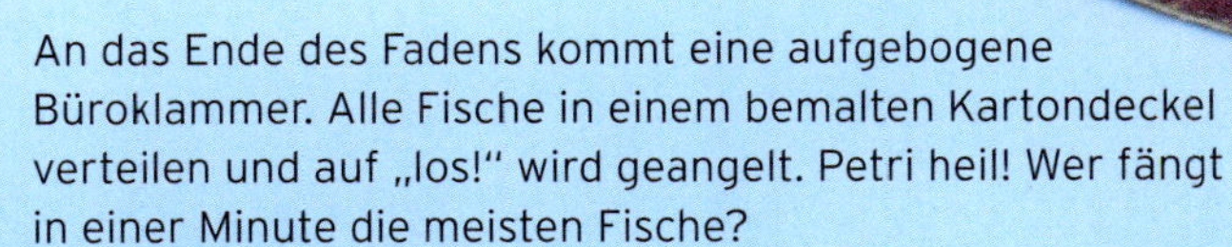

An das Ende des Fadens kommt eine aufgebogene Büroklammer. Alle Fische in einem bemalten Kartondeckel verteilen und auf „los!" wird geangelt. Petri heil! Wer fängt in einer Minute die meisten Fische?

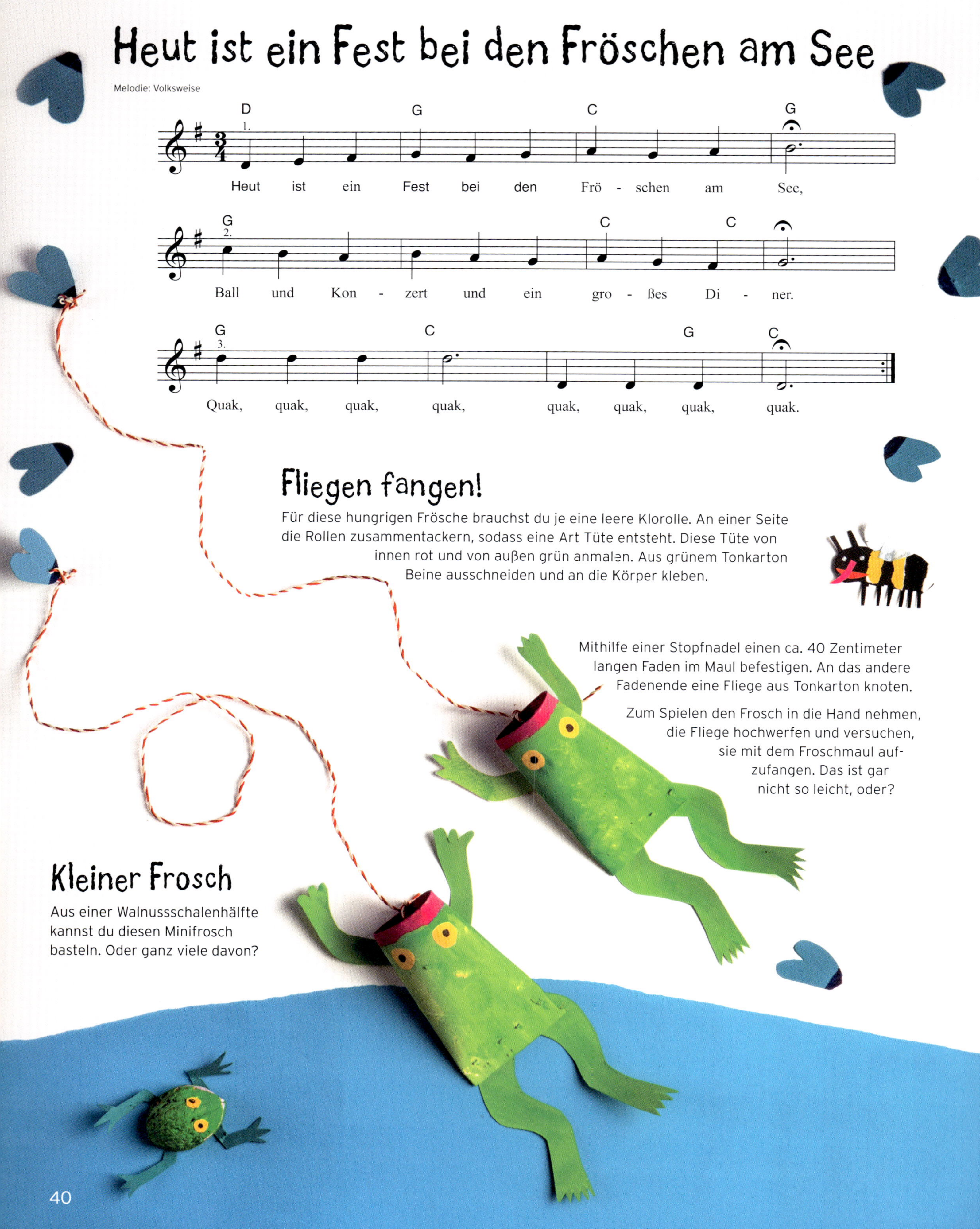

Heut ist ein Fest bei den Fröschen am See

Melodie: Volksweise

Fliegen fangen!

Für diese hungrigen Frösche brauchst du je eine leere Klorolle. An einer Seite die Rollen zusammentackern, sodass eine Art Tüte entsteht. Diese Tüte von innen rot und von außen grün anmalen. Aus grünem Tonkarton Beine ausschneiden und an die Körper kleben.

Mithilfe einer Stopfnadel einen ca. 40 Zentimeter langen Faden im Maul befestigen. An das andere Fadenende eine Fliege aus Tonkarton knoten.

Zum Spielen den Frosch in die Hand nehmen, die Fliege hochwerfen und versuchen, sie mit dem Froschmaul aufzufangen. Das ist gar nicht so leicht, oder?

Kleiner Frosch

Aus einer Walnussschalenhälfte kannst du diesen Minifrosch basteln. Oder ganz viele davon?

Ein Tanz mit dem Froschkönig

Wer zum Ball beim Froschkönig eingeladen ist, muss sich schön anziehen. Aus Stoffresten und Geschenkbändern kannst du deinen Figuren aus Pfeifenreinigern schöne Kleider anziehen.

Die Körper der Figuren bastelst du nach dem Grundmuster in den Kästen. Der Frosch trägt eine schicke Hose. Diese besteht aus Stoffstreifen, einfach um die Beine gewickelt und dann festgenäht oder -geklebt.

Kopf, Hände und Füße des Froschkönigs aus grünem Filz ausschneiden und direkt an die Pfeifenreiniger kleben. Zwei Perlen als Augen ankleben und die Krone aus Goldpapier nicht vergessen.

Der Prinzessin ein Kleid aus einem Tüllstreifen nähen. Den Körper mit Stoffresten umwickeln. Hände und Füße sind aus Filz.

Zwei Pfeifenreiniger so ineinanderstecken und einen weiteren Pfeifenreiniger…

… drumherumwickeln. Oben ein Stück stehen lassen. Darauf wird dann eine Wattekugel oder ein Kopf aus Filz geklebt.

Am Strand

Hier gibt es so viel zu entdecken! Muscheln, Steine, Treibholz, Algen ... Am besten gehst du gleich mit einem kleinen Eimer los, in dem du deine Schätze transportieren kannst.

Mit diesen Fundstücken kannst du im Sand Figuren legen, ganze Bilder schaffen und dir Geschichten dazu ausdenken.

Aber du kannst dir natürlich auch zu Hause in einer Kiste (zum Beispiel einer Obstkiste), die mit Sand gefüllt ist, deinen eigenen Strand gestalten.

Muschelmädchen

Wie wäre es mit diesem Muschelmädchen? Vielleicht kommt gleich ein Rindenschiff vorbei, um sie mit auf eine große Reise über das Meer zu nehmen.

Sandbilder

Mit Sand kannst du sogar „malen“. Dazu nimmst du ein Stück Tonkarton, malst mit Klebstoff zum Beispiel einen Fisch darauf und lässt anschließend Sand über den Klebstoff rieseln. Ein Teil des Sandes haftet dann auf dem Untergrund. Danach kannst du dein Sand-Kunstwerk noch weiter ausschmücken.

Sonnenbaden

Hier sonnt sich eine Figur aus einer Holzwäscheklammer auf ihrem Badetuch aus Papier.

Muscheln und mehr!

Halte bei deinem nächsten Strandspaziergang nach Muscheln und schönen Steinen Ausschau.

Aus deinen Fundstücken kannst du Bilder direkt in den Sand legen oder als Ferienerinnerung auf ein Stück Karton oder in einen Kartondeckel kleben.

Farbig bemalt, wird diese Muschel zu einem Meeres-Marienkäfer.

Stein, Schneckenhaus und zwei große Muscheln: Fertig ist der Falter. Fühler aus Goldpapier oder Draht lassen ihn noch echter aussehen.

Aus Steinen kannst du witzige Männchen legen. Steine lassen sich prima bemalen!

Aus verschiedenen Steinen kannst du auch Fische gestalten.

Hast du ein Schneckenhaus gefunden? Dann kannst du aus Steinen sogar einen Elefanten legen.

Ein bemalter Muschelfisch mit einem Stein als Schwanzflosse

Steinkröte

Für diese Schildkröte brauchst du vier Flaschenkorken für die Beine und einen Champagnerkorken für den Kopf. Aus Pappe schneidest du eine runde Form zu. Das wird der Panzer. Nun die Beine und den Kopf unter die Pappe kleben und auf den Panzer ein paar passende Steine. Fertig!

Schli-Schla-Schlange

Wer hat die längste Schlange? Jeder Mitspieler braucht zunächst einmal einen Schlangenkopf. Dafür einen Stein anmalen und eine lange Zunge ankleben. Nun einen Haufen Steine in die Mitte der Spielrunde legen. Es wird reihum gewürfelt. Je nach Augenzahl dürfen Steine an den Schlangenkopf gelegt werden. Wer hat nach zehn Runden die längste Schlange?

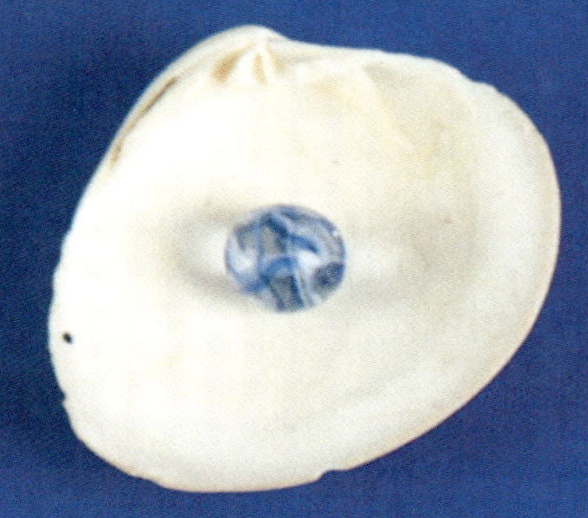

Suchen und Únden!

Am Sandstrand liegen nicht nur Muscheln, sondern es wird auch Holz angeschwemmt. Manche Holzstücke sind vom Wasser schon ganz glatt gewaschen. Vielleicht entdeckst du ein paar schöne Exemplare. Und wenn du gerade nicht am Meer bist, findest du auch im Wald Holzstücke, mit denen du prima basteln kannst.

Muschelkrebs

Aus einer großen Muschel wird ein Krebs. Muschel rot anmalen, Pfeifenreiniger zuschneiden und unter die Muschel kleben. Aus rotem Tonkarton zwei Zangen ausschneiden und an die „Arme" kleben. Perlen als Augen auf die beiden kurzen Pfeifenreinigerstücke stecken, Pupillen aufmalen und fertig!

Schlingel-Schlange

Vielleicht hast du Glück und findest auch so ein Holzstück, das die Form einer Schlange hat. Mit wasserfesten Farben bemalt, kannst du sie sogar ins Wasser legen. Dann sieht sie sehr echt aus.

Hurra! Ein Halbmond!

Wer findet die andere Hälfte? Das passiert ja nicht so oft, dass man einen Halbmond am Strand findet. Dafür aber viele andere interessante Wesen.

Spitzschnabel

Ein Holzstück mit einem spitzen Schnabel. Rot angemalt, sieht der Schnabel noch viel echter aus.

Seepferdchen

Wenn du kein echtes Seepferdchen findest, bastelst du eins aus Stöckchen. Dafür malst du die Form eines Seepferdchens auf Pappe auf und schneidest sie aus. Mit Klebstoff bestreichen und so wie hier mit unterschiedlich langen Stöckchen bekleben.

Die schneidest du vorher mit einer Gartenschere zu. Eine Muschel an den Rücken des Seepferdchens kleben.

Mund und Auge sind aus Tonpapier.

Qualle und Co.

Vor dieser Qualle braucht sich niemand zu fürchten. Sie ist ganz harmlos, kann sehr gut schwimmen und ist auch schnell gemacht!

Fülle Perlen und Pailletten in einen Plastikbeutel. Den Beutel oben zusammenfassen und Luft hineinblasen, so wie in einen Luftballon. Danach den Beutel schnell mit einer Schnur oder einem Klebestreifen verschließen.

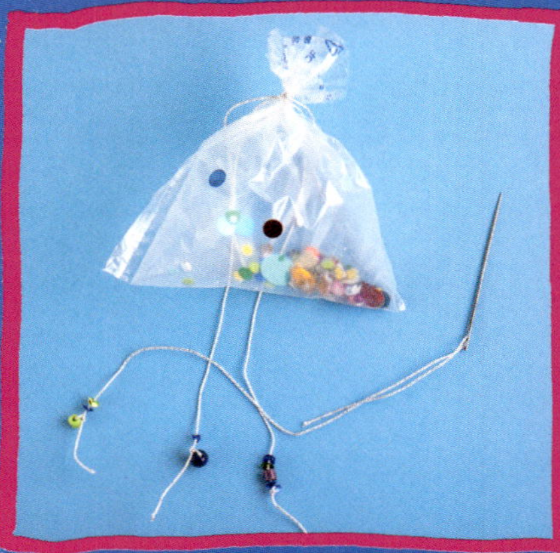

Perlen auf Silberfäden fädeln und an den Beutel knoten. Pailletten außen an den Beutel kleben, einen Mund aus rotem Plastik (aus einer farbigen Tüte ausschneiden) aufkleben. Engelshaar oder Lametta mit einem Klebeband zusammenfassen und oben an den Beutel kleben.

Luftballonfische

Mit solchen lustigen Fischen kannst du kleine Wettschwimmen veranstalten. Welcher Fisch schwimmt am weitesten, welcher geht unter, welcher fliegt davon?

Die Luftballons aufblasen, zuknoten und anschließend mit wasserfester Farbe oder wasserfesten Filzstiften bemalen.

Tipp

Damit die Fische nicht davonfliegen, kannst du vor dem Aufpusten ein paar kleine Steine oder Sand in die Ballons füllen.

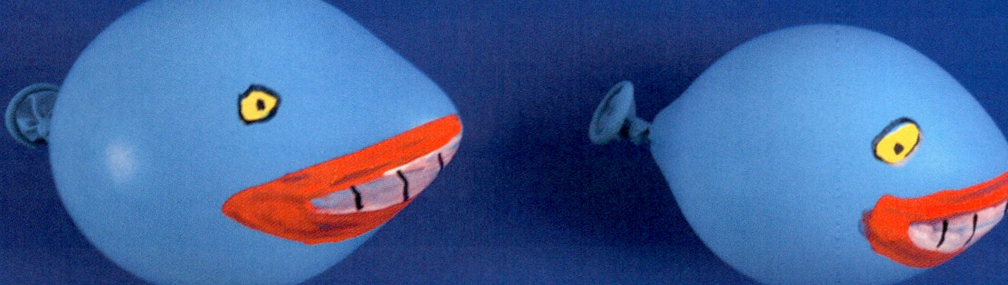

Sandspiele

Möchtest du auf Schatzsuche gehen oder lieber ein Legespiel mit Muscheln spielen? Diese beiden Spiele sind schnell gemacht und machen am Strand oder auch in einem Sandkasten Spaß.

Wer findet den Goldschatz?

Ein tiefer Teller oder eine Schüssel werden mit Sand gefüllt. In den Sand werden kleine Schätze gemischt, zum Beispiel Murmeln, Knöpfe, Münzen, Ringe und ein golden angemalter Stein. Jeder Mitspieler darf nun pro Runde fünf Esslöffel Sand aus der Schüssel nehmen und sieben. Die Schätze, die im Sieb hängen bleiben, füllt der Schatzsucher auf einen Teller oder wie hier in eine Muffinform aus Papier. Wer den Goldschatz findet, ist Sieger. Die weiteren Schätze werden gezählt und je nachdem, wie viele man hat, wird man Zweiter, Dritter oder Vierter!

Tic, Tac, Toe!

So heißt dieses Legespiel für zwei Personen. Auf ein quadratisches Spielfeld mit 3 x 3 Kästchen müssen die Spieler abwechselnd ihre Spielfiguren setzen. Jeder Mitspieler bekommt fünf Figuren, der eine in diesem Fall Steine, der andere Muscheln.

Das Spielfeld kannst du direkt in den feuchten Sand zeichnen oder du legst das Spielfeld aus Stöckchen.

Setzt eure Spielfiguren – pro Spielzug eine – abwechselnd auf die Felder im Spielfeld. Die Figuren müssen so geschickt gesetzt werden, dass entweder eine Reihe waagerecht, senkrecht oder diagonal entsteht, so wie es hier gezeigt ist. Der Gegenspieler versucht das natürlich zu verhindern, indem er die benachbarten Felder besetzt.

Große Regatta

Willst du lieber rudern, surfen oder segeln?

Ein Ruderboot, ein Surfbrett oder ein Papierschiff sind leicht zu basteln. Dazu noch einen Leuchtturm, und du fühlst dich wie am Meer!

Surfer

Ein ca. 10 x 15 Zentimeter großes Sperrholzbrett oder auch ein ebenso großes Stück Pappe diagonal durchsägen oder -schneiden.

Die beiden so entstandenen Dreiecke wie hier zu sehen ist zusammenkleben und anmalen.

Die Surfer auf festes weißes Papier malen und ausschneiden. Mit einem Klebestreifen hinter das Segel kleben.

Ruderboot

Einen großen Pappteller in der Mitte durchschneiden. Mit wasserfesten Farben ein Meer und Fische daraufmalen. Farbe trocknen lassen. Zwischen die beiden Hälften kommt nun ein Pappstreifen in passender Größe. An beiden Seiten dieses Streifens die Kanten nach innen knicken, mit Klebstoff bestreichen und festkleben.

Aus brauner Pappe zweimal die Form eines Bootes ausschneiden und in die unteren Ränder des Bootes Wellenlinien schneiden. Dann so aufkleben, dass die Kante des Bootes etwas über das „Meer" herausschaut.

Von zwei leeren Klorollen oben je ein Stück abschneiden. Gesicht und Kleider aufmalen.

Aus Pappe Arme ausschneiden, ebenfalls anmalen und mit Musterklammern seitlich an den Rollen feststecken.

Für jede Figur einen Hut aus Papier falten und auf den Kopf kleben. Dem Mädchen vorher noch ein paar Wollhaare ankleben.

Nun die Figuren in das Boot kleben. Jede bekommt ein Ruder aus einem Holzstäbchen und einem Stückchen Tonpapier in die Hand geklebt.

Leuchtturm

Ein Stück einer Versandrolle mit roten und weißen Streifen bekleben oder anmalen.

Oben auf die Öffnung ein passendes Glas stellen. Mit Teelichten bestücken und diese in der Dämmerung anzünden.

Tipp

Du kannst in einem großen Kartondeckel ein Stück Sandstrand gestalten. Dafür den Deckel zunächst mit blauen Farben bemalen. Wenn die Farbe getrocknet ist, den Sand hineinfüllen, den Leuchtturm aufstellen und das Meer aus Frischhaltefolie gestalten.

Wie viele weiße oder bunte Faltschiffe dort segeln, bestimmst du selbst.

Berge, Wald und Wiese ...

Draußen gibt es immer etwas zu entdecken, ob im Urlaub in den Bergen, bei einem Waldspaziergang oder auf einer Wiese. Du kannst zum Beispiel Stöcke, Federn oder Steine sammeln und zu Hause etwas daraus basteln. Auf dieser Seite findest du erste Ideen, und auf den nächsten Seiten gibt es noch viel mehr!

Waldkauz

Wenn im Wald Bäume gefällt wurden, bleiben manchmal besondere Holzreste zurück. Mit etwas Knete wurde dieses Holzstück zu einem Waldkauz. Kleine Zweige als Füße ankleben und Federn als Ohren. Einen weiteren Waldkauz findest du auf Seite 59.

Waldschrat

Halte im Wald doch mal nach Stöcken mit einer „Nase" Ausschau. Daraus kannst du ganz schnell einen Zwerg oder einen Waldschrat basteln. Schabe die Rinde des Nasenstücks mit einem Messer ab und male es so wie hier an. Fehlt nur noch die Mütze aus rotem Filz und schon ist der Waldschrat fertig! Bastelst du ihm noch eine Familie?

Löwenzahnfrauen

Male diese feinen Damen auf Zeichenkarton und schneide sie aus. Danach kannst du hinter jede Dame eine Pusteblume kleben. Welche Frisur hält am längsten? Bei Wind könnte es gefährlich werden!

Steinböcke

In einem Kartondeckel hat eine ganze Bergwelt Platz. Zuerst malst du einen Himmel in den Deckel. Dann schneidest du aus Wellpappe oder anderem Karton Berge aus. Die malst du an und klebst sie, nachdem die Farbe getrocknet ist, in den Deckel. Danach Wiesen und Tannen aus Tonkarton aufkleben. Nun suchst du passende Steine für deine Steinböcke aus und klebst sie ebenfalls in den Deckel. Aus Knete Beine und Hörner formen und ankleben.

Füchslein

Ein kleiner Fuchs ist auch schnell gemacht. Die Spitze einer Eierpappe auf eine leere Klorolle kleben. Alles orangerot anmalen. Beine und Ohren aus Tonkarton ausschneiden und ankleben. Eine Rute aus Märchenwolle in die Rolle kleben. Und schon kann dein Füchslein im Wald oder bei dir im Zimmer spazieren gehen.

Auf in die Berge!

Zu Fuß oder doch lieber mit der Seilbahn? Das kannst du dir noch überlegen, während du ein Bergpanorama gestaltest. Mit einem Pappkarton geht das ganz leicht. Du brauchst nur noch Farben, Tonkarton, Pappe und Klebstoff, und schon kannst du loslegen!

Kleine Bergwelt

Von einem Karton, hier ca. 40 x 40 x 50 Zentimeter groß, zwei Seiten mit dem Cutter abschneiden, so wie es links im Kasten zu sehen ist. Lass dir dabei von einem Erwachsenen helfen!

Dann in die oberen Ränder der beiden anderen Seiten Zacken einer Bergkulisse schneiden. Aus den Papperesten weitere Bergspitzen zuschneiden und von hinten an die anderen Berge kleben. Ist der Klebstoff getrocknet, malst du die Berge an, so wie sie dir gefallen. Grün, grau, mit oder ohne Schnee ...

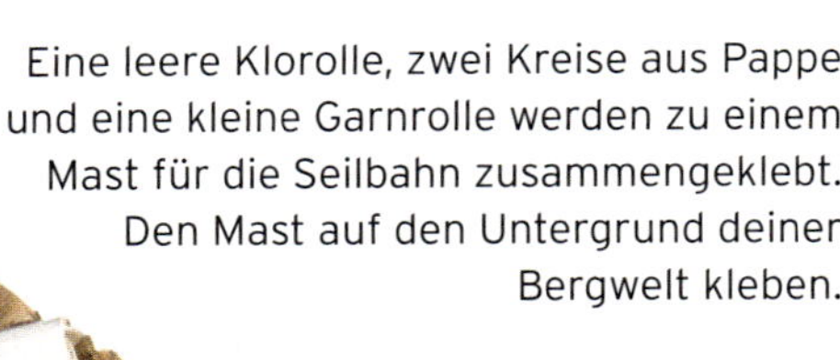

Eine leere Klorolle, zwei Kreise aus Pappe und eine kleine Garnrolle werden zu einem Mast für die Seilbahn zusammengeklebt. Den Mast auf den Untergrund deiner Bergwelt kleben.

Die kleinen Häuser sind aus Pappe ausgeschnitten, bemalt und aufgeklebt. Teich, Tannen und Bäume aus Tonpapier ausschneiden und ebenfalls aufkleben. Vielleicht hast du noch ein paar schöne Steine, die in deine Bergwelt passen?

Seilbahn

Hast du zwei gleich große Schachteln, die du als Seilbahnkabinen bemalen kannst? Sonst lassen sie sich aus biegsamen Kartonstücken auch ganz leicht zusammenkleben. Anschließend noch zwei Kartonstreifen zu einem Dreieck auf das Dach der Kabinen kleben und einen schwarzen Kreis aus Pappe aufkleben, wo sich die beiden Streifen berühren.

Wenn du alles ausgeschmückt hast, kannst du die Seilbahn in Betrieb nehmen. Du spannst dazu einen langen Bindfaden um den weißen Turm. Die Enden des Fadens werden direkt durch die Pappe der Rückwand gesteckt und verknotet. Dafür kleine Löcher mit einer Stopfnadel in die Pappe bohren.

Die Seilbahnkabinen mit kleinen Wäscheklammern an dem Bindfaden festklammern und los geht die Fahrt!

So einen Steinbock findest du auf Seite 53.

Wer ist schneller auf dem Berg – der Steinbock oder die Seilbahn?

Kletterkünstler

Wie der Blitz sausen die beiden Kletterfiguren einen Berg oder an einem Baum hinauf. Und genauso schnell sind Bergsteiger oder Käfer auch gemacht. Auf die Plätze, fertig, los!

Bergsteiger

Nimm eine leere Klorolle und schneide in den unteren Teil zwei gegenüberliegende spitze Dreiecke hinein. Das werden die Beine. Oben an beiden Seiten die Kanten schräg anschneiden, wo später die Arme angeklebt werden. Aus einer zweiten Klorolle oder Pappe einen Kopf, Arme und Beine ausschneiden und an die Figur kleben.

Wenn der Klebstoff getrocknet ist, kannst du die Figur bekleben oder bemalen. Mit der spitzen Seite einer Schere jeweils ein Loch in die Hände piken. Mithilfe einer Stopfnadel einen Faden von hinten zuerst durch die eine Hand, dann durch die zweite Hand ziehen.

Die Fadenenden durch den Körper führen. Die Figur so wie im Bild oben an einem Haken aufhängen. Nun kann der Bergsteiger losklettern! Du musst nur die Fadenenden unten weit auseinanderziehen. Das Tempo kannst du auch bestimmen!

Käfer

Für den Käfer schneidest du ein Stück Pappe rund aus. Es sollte so groß sein, dass du von hinten eine leere Klorolle ankleben kannst. Die Augen sind zwei Fächer einer Eierpappe. Diese auf den Körper kleben. Nun alles anmalen. Beine aus Tonkarton ausschneiden und unter den Körper kleben. Mit Klammern fixieren, bis der Klebstoff getrocknet ist. Einen langen Faden doppelt nehmen und durch die Klorolle führen. Das geschlossene Ende des Fadens an einem Haken aufhängen.

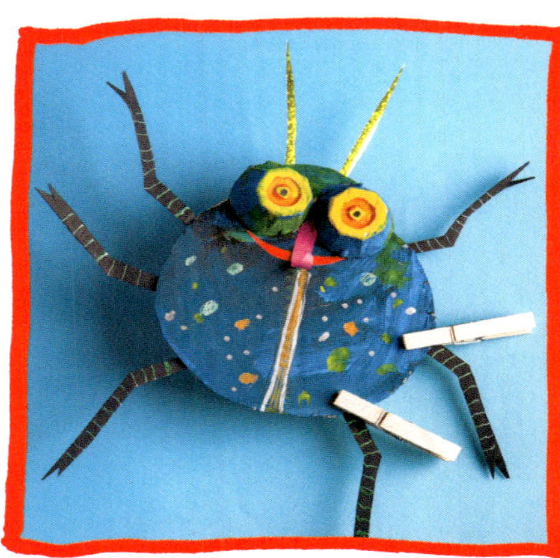

Tipp

Es macht Spaß, mit Freunden zwei oder mehrere Figuren nebeneinander aufzuhängen und sie um die Wette in die Höhe klettern zu lassen. Probiere es mal aus!

Möchtest du deinen Käfer an einem Baum herauf- und herunterkrabbeln lassen? Schau mal, wie schön das aussieht!

Spaß im Wald

Im Sommer ist es im Wald schön kühl. Ein toller Spielplatz für dich und deine Freunde! Zwischen dem alten Laub auf den Wegen liegen viele trockene Äste und Holzstücke. Die sehen oft schon aus wie Tiere oder du kannst sie zu lustigen Tieren zusammensetzen.

Waldinsekt

Aus einem kleinen Ast, Früchten eines Ahornbaums und einem kleinen Eichelhütchen wird zu Hause mit etwas Farbe eine Libelle.

Wald-ABC

Knick, knack und zack! Wer schafft es am schnellsten, aus kleinen, zerbrochenen Zweigen ein ganzes Alphabet von A bis Z auf den Waldboden zu legen?

Witziger Waldwutz

Es macht Spaß, nach Holzstücken mit Gesicht zu suchen. Oft fehlt nur ein wenig bunte Farbe, so wie hier!

Waldelefant

Im Wald gefunden und zu Hause zusammengeklebt: Diesen Waldelefanten kannst du auch schön im Garten oder auf dem Balkon aufstellen.

Waldkauz

Hast du schon einmal den Ruf eines Käuzchens gehört? Er klingt sehr geheimnisvoll. Aus gefundenen oder gekauften Federn und einer Eierpappe kannst du dir ein eigenes Käuzchen basteln.

Die Teile für den Waldkauz aus einer Eierpappe ausschneiden und zusammenkleben. Die Wäscheklammern von innen so an die Pappe kleben, dass sie sich unten öffnen lassen. So kannst du dein Käuzchen später an den Ast eines Baums klammern.

Hier siehst du alle Teile, die du für dein Käuzchen brauchst.

Die Augen gelb anmalen und die Perlen hineinkleben, nachdem die Farbe getrocknet ist. Federn auf den Vogelkörper kleben und aus Tonkarton Füße ausschneiden, die unten an die Klammern geklebt werden.

Wildschwein

Ein Stück Holz, Zähne und Ohren aus Papier, Maul und Augen aus Knete: Fertig ist das Wildschwein!

Lichterfest

An schönen Sommerabenden kannst du den Garten oder Balkon mit einer Lichterkette schmücken. Du kannst sie mit Blumen, gebastelten Insekten und Vögeln dekorieren.

Die leuchtende Fee kommt sicher gern zu Besuch!

Leuchtende Fee

Aus fester Pappe schneidest du eine halbrunde Form mit einer kleinen Lasche an der geraden Seite aus. Je nachdem, wie groß deine Fee werden soll, muss der Durchmesser des Halbkreises vergrößert werden.

Die geraden Kanten zusammenführen, sodass eine Art Trichter entsteht, und festkleben. Mit einer Klammer fixieren, bis der Klebstoff getrocknet ist. Arme und Kopf ausschneiden und ankleben. Nun ein großes, festes Stück Japanpapier oder einige Bögen weißes Seidenpapier (DIN-A2-groß) als Kleid unten in den Rand des Trichters kleben. Die Kanten des Papiers hinten zusammenkleben. Die Haare der Fee sind aus Wolle oder Lametta.

Zuletzt eine Lichterkette unter das Kleid stecken und in der Dämmerung einschalten.

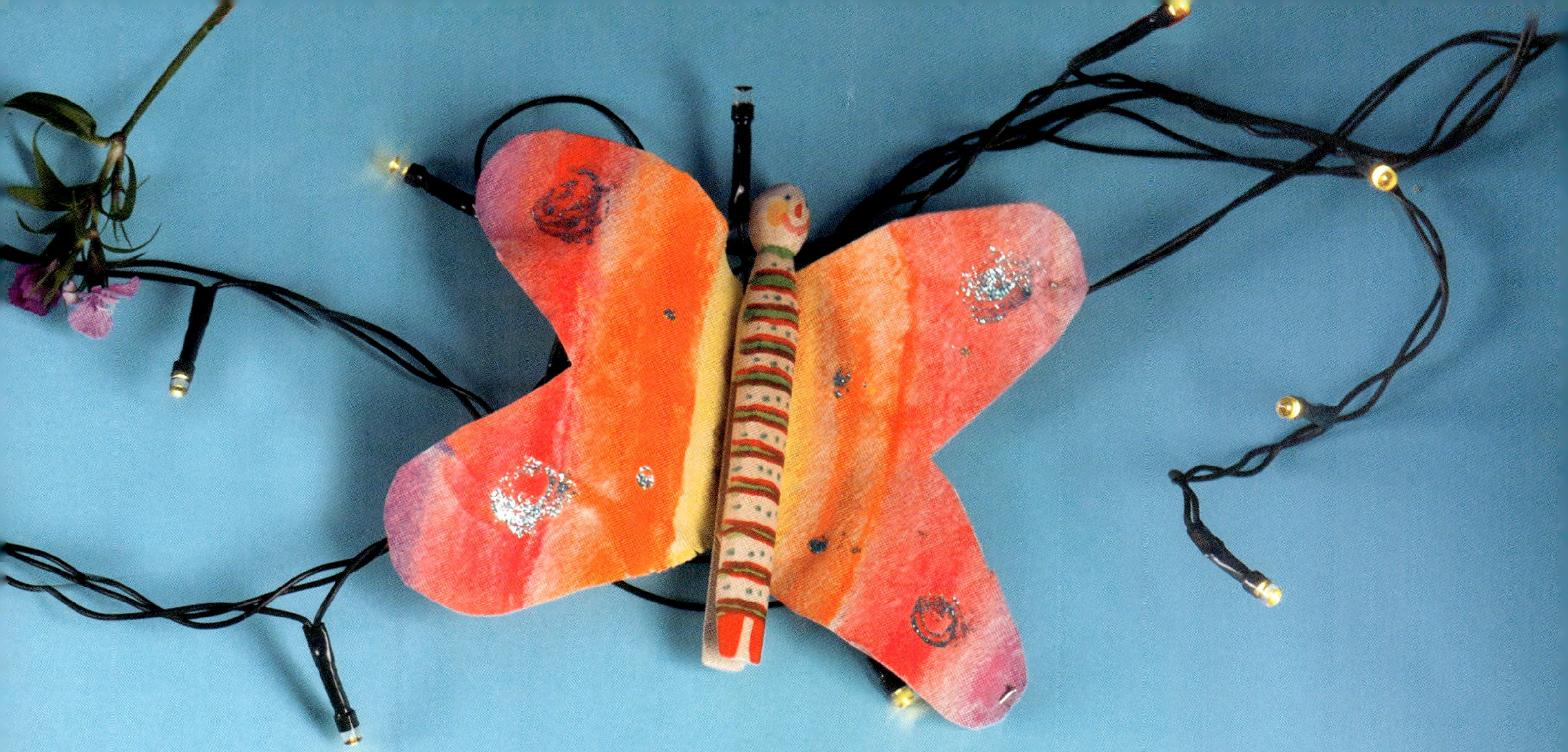

Schmetterlinge

Diese Schmetterlinge haben Flügel aus Filtertüten.

Die Filtertüten zum Bemalen auf einen Stapel alter Zeitungen legen. Mit dem Pinsel zuerst Wasser und anschließend Streifen für Streifen bunte Farben auftragen, die gerne ineinanderlaufen können. Die Tüten gut trocknen lassen.

Du kannst die Filtertüten in Flügelform ausschneiden und in eine bemalte Holzwäscheklammer kleben.

Für den Königsfalter ein ca. 20 Zentimeter langes Stück Goldfolie zu einer Rolle aufwickeln.

Einer Wattekugel ein Gesicht aufmalen und oben auf die Rolle kleben. Eine kleine Goldkrone ausschneiden und an den Kopf kleben, dann zwei Stecknadeln als Fühler in den Kopf stecken.

Die bunten Flügel auf die Rückseite des Körpers kleben.

Den fertigen Königsfalter im Garten auf einen Ast stecken.

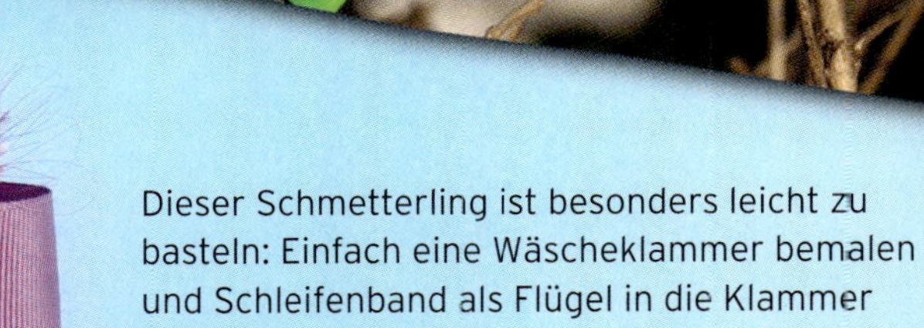

Dieser Schmetterling ist besonders leicht zu basteln: Einfach eine Wäscheklammer bemalen und Schleifenband als Flügel in die Klammer stecken.

Geh aus, mein Herz, und suche Freud

Musik: Augustin Harder (1775–1813),
bearbeitet von Friedrich Heinrich Eickhoff (1807–1880)
Text: Paul Gerhardt (1607–1676), 1653

Die Bäume stehen voller Laub,
das Erdreich decket seinen Staub
mit einem grünen Kleide;
Narzissen und die Tulipan,
die ziehen sich viel schöner an
als Salomonis Seide.

Die Lerche schwingt sich in die Luft,
das Täublein fliegt aus seiner Kluft
und macht sich in die Wälder;
die hochbegabte Nachtigall
ergötzt und füllt mit ihrem Schall
Berg, Hügel, Tal und Felder.

Kleiner Garten

Möchtest du dir gerne einen kleinen Garten anlegen? Dazu brauchst du nicht einmal ein Blumenbeet! Nimm als Untergrund ein größeres Stück Pappe, male es grün an, und schon kannst du deinen Garten gestalten!

Vielleicht hast du eine kleine Pappschachtel? Die wird zum Gartenhaus. Jetzt nur noch Streifen aus Wellpappe grün anmalen und als Hecke rings um den Garten kleben.

In die Löcher der Wellpappe lassen sich prima kleine Blümchen hineinstecken. Die sehen auch noch schön aus, wenn sie vertrocknen.

Damit dein Garten noch schöner wird, kannst du kleine Blumentöpfe aus Ton aufstellen oder auch Bäume aus Pappe ausschneiden und auf Zahnstochern in den Garten stecken.

Du wirst sehen, es macht sehr viel Spaß, an so einem kleinen Garten zu arbeiten.

Probiere es einfach einmal aus!

Der Sommer bietet eine große Blumenvielfalt. Ein Strauß bunter Sommerblumen macht allen Menschen Freude.

Hallo!

Mein Name ist Sabine Lohf. Ich freue mich immer sehr auf den Sommer, vor allem auf die schönen Blumen, die Kornfelder und das Meer. Bei meinen Spaziergängen am Strand suche ich stundenlang nach Muscheln und Steinen, aus denen ich dann später etwas Schönes basteln kann. Schon als kleines Kind war ich jeden Sommer am Meer und weiß noch genau, wie ich dort einmal ein Seepferdchen gefunden habe. In diesem Buch habe ich deshalb eins aus Stöckchen gebastelt. Es sieht dem echten von damals sogar etwas ähnlich!

Ich habe schon immer alles Mögliche gesammelt und damit experimentiert. Später ist Basteln zu meinem Beruf geworden. Ich habe in Berlin Kunst studiert und anschließend bei einer Zeitschrift für Eltern und Kinder gearbeitet. Dort habe ich viele, viele Bastelideen entwickelt. Daraus sind eine Menge Bücher entstanden. Und solche Bastelbücher gestalte ich bis heute!

Nach wie vor habe ich viel Spaß an der Natur und am Gestalten mit verschiedenen Materialien und probiere immer wieder gerne etwas Neues aus. Ich wünsche mir, dass es vielen Kindern genauso geht.

Vielleicht ja auch dir?

Ebenfalls erhältlich:

ISBN 978-3-8369-6007-6

ISBN 978-3-8369-6135-6

ISBN 978-3-8369-6160-8

ISBN 978-3-8369-6085-4

Alle meine Bücher und Projekte findest du unter www.sabine-lohf.de